LA TOURAINE
d'autrefois

Editions Sutton

Sur ce visage creusé par les sillons d'une vie de labeur, se lit toute l'histoire des paysannes tourangelles. Après avoir durement travaillé aux champs, les femmes partaient très tôt au marché pour vendre les fruits de leur production. Elles venaient à la ville vêtue d'une robe de couleur sombre, sur laquelle était noué un grand tablier. Si toutes portaient une coiffe au XIXe siècle, seules les grand-mères la revêtaient encore au début du XXe siècle. Il y avait celle de « tous les jours » et celle du dimanche. Les jeunes filles, quant à elles, se paraient uniquement pour le plaisir, lors d'événements importants, de coiffes de plus en plus artistiquement travaillées. Entre 1940 et 1950, la tradition disparaît, reléguant les petits bonnets blancs au fond des tiroirs...

SOMMAIRE

Quoi de mieux que cette petite mise en scène paysanne, du côté du **Grand-Pressigny**, pour plonger dans la Touraine d'antan.

JE ME SOUVIENS DE LA TOURAINE

COMME LES VAGUES effacent, une à une, les châteaux de sable des enfants, la multitude de nos activités, leur évolution rapide et leur individualisation de plus en plus forte, estompent rapidement de la mémoire l'empreinte du temps. Rien de tel, pour revivifier ces traces, que de s'appuyer sur les images !

Au début du XXe siècle, la carte postale témoigne de la naissance de cet enthousiasme à enregistrer la réalité, à découvrir le pittoresque de nos communes rurales, à livrer à nos correspondants de belles images. Les nouveaux photographes viennent des villes. Ces cartes portent ainsi le témoignage des progrès, mais elles expriment aussi la mélancolie de la nature et de la campagne.

D'une commune à l'autre, nous reconnaissons les caractéristiques de notre belle province de Touraine : majestueuses rives de Loire, vignes, vergers, prairies et vastes champs de blé, pierre de tuffeau et troglodytes, vestiges du passé, populations rurales et artisanales qui se rencontrent lors des foires, des assemblées, des commémorations, des inaugurations, etc.

Après les années 1900, les populations reçoivent l'électricité, les nouveaux matériaux, les nouveaux moyens de communication, les nouvelles techniques, le décor traditionnel se modifie. Chaque image invite donc à cette lecture des signes du passé, des signes des temps modernes...

Vendanges au début du XXe siècle au clos du Grand-Vaudour à **Sainte-Radegonde**.

UN PETIT TOUR EN TOURAINE AU DÉBUT DU XXe SIÈCLE

IL NE S'AGIT PAS ici de montrer en image toutes les communes d'Indre-et-Loire au début du XXe siècle, mais plutôt de redécouvrir nos villages au grès de l'alphabet.

Alors partons sur les routes d'Amboise, Ballan-Miré, Balesmes, Barrou, Betz-le-Château, Bléré, Bourgueil, Chambourg-sur-Indre, Chenonceaux, Chinon, Chouzé-sur-Loire, Ciran, Courçay, Dierre, Fondettes, La Chapelle-Blanche, La Chapelle-sur-Loire, La Croix, Loches, Louans, Le Grand-Pressigny, Le Louroux, Ligueil, Mousay, Neuillé-le-Lierre, Orbigny, Preuilly-sur-Claise, Reignac-sur-Indre, Saint-Cyr-sur-Loire, Saint-Martin-le-Beau, Saint-Nicolas-de-Bourgueil, Saint-Quentin-sur-Indrois, Sublaines, Tauxigny, Tours...

Chacun y trouvera son bonheur !

Étroite, la rue Anne de Bretagne à **Langeais** incitait à prendre le temps de vivre...

Balesmes (aujourd'hui annexé à Descartes). Les automobiles commencent à s'imposer alors qu'ici la route n'est encore qu'un chemin de terre.

En partant de la gare vers **Barrou**, on longe le petit hameau sympathique de Courvau qui a peu changé jusqu'à aujourd'hui. C'est dans une grotte près de celui-ci, dans un endroit caché, que repose le peintre Lucien Porcheron, dans un tombeau qu'il a décoré lui-même.

La boulangerie a aujourd'hui disparu, mais l'échauguette construite vraisemblablement au début du XVIe siècle est toujours en place. Restaurée de 1969 à 1973, cette bâtisse est aujourd'hui l'une des plus belles de la ville de **Chinon**.

À l'entrée du bourg de **Dierre**, une Tourangelle porte sur sa tête un fichu de laine blanche à grosses mailles retenant sa chevelure et noué sous le menton. Un autre, plus âgée, a mis par-dessus sa coiffe un mouchoir de tête en soie noire, pointant à l'arrière et noué en haut du cou.

Le closeau

Le closeau est une unité du vignoble appartenant jadis à un propriétaire rentier qui y faisait travailler un closier salarié.

Neuillé-le-Lierre a toujours été proche des communes de Reugny et de Montreuil-en-Touraine. Les villages se partagent les sapeurs-pompiers, les écoles et même la date du feu d'artifice annuel !

L'église Saint-Martin (**Neuillé-le-Lierre**) comprend des éléments qui vont du XIIe au XIXe siècle, mais il ne reste rien du premier édifice construit, semble-t-il vers 470, par saint Perpet.

Cette ferme de **Fondettes** se trouvait en haut du quartier de la Bruzette. On aperçoit le vieux puits qui, à cette époque, était couramment utilisé par les habitants. Il a été bien conservé aujourd'hui.

Cette vue, prise le 6 juillet 1900, montre le nouveau pont de **Bléré** mis en service cette même année. Le vieux pont (à droite) avait été bâti en 1160 sur ordre de Henri II Plantagenêt, roi d'Angleterre et comte de Touraine, avec des pierres tirées du bois Ragueneau, au sud de Bléré. Il subsistait encore, au début du XXe siècle, une arche gothique.

La porte de Sainte-Mélaine à **Preuilly-sur-Claise**

Peu de changements sur la place des Halles de **Bourgueil**, si ce n'est quelques voitures en plus !

« En Touraine,
avec le bon vin que nous buvons,
notre cœur est très gai
en jouant d'nos mirlitons ! »

« Car je suis né et été nourri jeune au jardin de France : c'est Touraine. »

François Rabelais, *Pantagruel.*

Rue Gilles de Betz, au début du XXe siècle (**Betz-le-Château**), la venue du photographe est un événement !

Cette vue prise devant le château de **Chenonceaux** rappelle étrangement Marie-Antoinette et le Petit Trianon. Pourtant, le troupeau de moutons et sa bergère flânent sur la rive gauche du Cher, côté Francueil, dans une prairie qu'ils fréquentent depuis toujours ! Ils ne sont pas là pour satisfaire uniquement le photographe !

Devant sa librairie-papeterie de la rue de Loches, à **Bléré**, ornée d'une belle enseigne montrant un livre, le libraire et son fils posent dans une splendide carriole couverte d'une capote en cuir, tandis que sa femme est restée sur le pas de porte. La carte postale représentant les commerçants devant leur boutique était un moyen publicitaire alors fréquent.

À gauche, devant sa brouette chargée de linge et le battoir en bois à la main, une Tourangelle revient du lavoir de **La Chapelle-Blanche**.

Courçay était un village-gué sur l'Indre. Une fois passé le pont, l'hôtel du Cheval Blanc Picquemard attendait les clients pour une pause... Un restaurant vous accueille toujours à cet endroit.

L'hôtel de la Gare à **Chambourg-sur-Indre**, dans les années 1900. Le boulanger portant son tablier est entouré de ses apprentis. Il vendait également de l'épicerie et des cartes postales. Avec la boucherie, située juste à côté, ce sont les deux seuls commerces qui ont réussi à traverser le siècle sans changer d'emplacement.

Aux environs de 1910, le château de **Reignac-sur-Indre** était la propriété du maire, Édouard Muller. Généreux donateur envers les indigents, passionné d'agriculture et soucieux du développement de la commune, il offrit des agrès pour l'école des garçons, une bibliothèque, un lavoir et une pompe à incendie. Après la banqueroute de la banque Henrotte-Muller, Édouard démissionna de son mandat de maire et vendit le château, en 1913, à Fernand Hurault, comte de Vibraye.

À Saint-Quentin-sur-Indrois, les maisons visibles au centre (la maréchalerie et le café) ont disparu. Ce 24 juillet 1932, le député Paul Bernier, sous-secrétaire d'État à l'Air, inaugure le nouveau pont de Saint-Quentin. Il est accompagné de monsieur Grégoire (préfet d'Indre-et-Loire), et accueilli à la mairie par Raymond Clavier (maire), Alphonse Chautemps (sénateur), messieurs Patry (conseiller général), Réthoret (conseiller d'arrondissement) et Paul Viou (adjoint au maire et futur maire).

L'arrivée à **Tauxigny**, en 1900, par la route de Saint-Bauld. Comme souvent en telle occasion, tout le monde est sorti pour figurer sur la photo !

En Touraine, le premier dimanche de Carême est celui « des brandons ». Ce jour-là, à la nuit tombée, les paysans, munis de longues perches au bout desquelles étaient accrochées des petites bottes de paille enflammées (brandons), parcouraient leurs champs en agitant la perche d'où jaillissaient des gerbes d'étincelles. Il s'agissait, grâce à ce feu, de nettoyer la terre de tous ses parasites animal ou végétal, susceptibles de compromettre les récoltes. « *Brandonnez, brandonnons les nielles* (mauvaises herbes) *et les chardons. Mulot, mulot sors de ton trou !* »

Sur la place Gambetta de **Ligueil**, c'est le jour du marché aux légumes. Les femmes vêtues de leur caraco, de leur longue jupe sombre et de leur « devantiau » portent le bonnet tourangeau ; les hommes, peu nombreux, arborent la traditionnelle biaude des dimanches.

Cette grande boutique, située dans la rue de la Gare à **Ciran** (actuelle rue George Sand), était à la fois épicerie et mercerie. On pouvait également y acheter des bicyclettes, dont le propriétaire, appuyé ici contre le mur, assurait réparations et entretien.

La place du **Louroux** au début du XXe siècle. Le nouveau presbytère n'est pas encore construit. Édifié grâce à l'aide financière de la famille Mourruau-Ranger, il est inauguré le 29 juin 1914. À l'arrière-plan, le magnifique rideau de peupliers bordant les fossés de l'enceinte du prieuré.

Cette place de **Louans**, devenue aujourd'hui place de la Mairie, n'a pratiquement pas changé. L'hôtel des Voyageurs y accueille toujours les visiteurs.

« Un dolmen à Brizay est un palet de Gargantua. À Cangey, le menhir Pierre-de-David, réputé tourner sur lui-même, est un grain de sable provenant de la chaussure de Gargantua, qui vient d'enjamber la Loire à partir de Mosnes. À Charnizay, le dolmen du Champ de l'Humiau, «le champ de l'ormeau» est un palet de Gargantua. On y voit, sur place, les «Palais de Gargantua». Un dolmen, parfois attribué à saint Martin, de Crouzilles, entre la Folie et Puy Galant, est un palet lancé par Gargantua contre le menhir de Draché, à trois lieues de là, et qui conserve l'empreinte de son pouce. »

Paul Sébillot, *Sur les traces de Gargantua.*

Scène pastorale à **Mouzay** dont on aperçoit, à l'arrière-plan, les maisons groupées autour de l'église.

« Je ne suis pas intolérant, mais je donne cordialement au diable ceux qui n'ont pas vu Azay ! Ce merveilleux château, dont les fondations sont merveilleusement plantées dans l'Indre ! »

Balzac.

Moment de pose devant le photographe, une roue ou une belle miche de pain dans les mains, dans une rue de **Saint-Nicolas-de-Bourgueil**.

« Le menhir troué des Arabes (ou des Érables), près de Draché, est également connu sous le nom de Quille de Gargantua. C'est lui que le géant visait à partir de Crouzilles. Gargantua crée l'étang Gargeau à Esves-le-Moutier. Gargantua est poursuivi par un chien malade sur le Chemin Vert, entre La Chapelle-Blanche-Saint-Martin et Vou. Il lui lance deux mottes de terre qui tombent sur des épouvantails et font deux trous dans le sol : les Mannequins de Gargantua. »

Paul Sébillot, *Sur les traces de Gargantua.*

Au village de **La Croix**, les maisons forment un « village en étoile », s'implantant au carrefour des axes Tours-Bourges et Amboise-Loches, d'où le nom du village et de l'enseigne de la Croix Blanche.

Une carte postale, écrite en 1908, montre la place au Blé à **Loches** dans les années 1900.

On jouait au cerceau à cette époque à **Loches**, mais sûrement pas dans la Grande Rue aux pavés redoutables...

En 1839, le Cher fut canalisé et l'on construisit un barrage tous les 3 kilomètres, soit 8 en Indre-et-Loire, ici celui de **Saint-Martin-le-Beau**.

La ferme du Pavillon, sur la commune de **Sublaines**, est plus connue sous le nom de Homme. Au XVIe siècle, c'était une métairie dépendant de la collégiale Saint-Martin. Ce type de grosse ferme à cour fermée rappelle celui de la villa gallo-romaine à la tête d'un vaste domaine.

C'est là où ces laveuses rincent tranquillement leur linge que la levée de la Loire cassa lors de la terrible inondation de 1856. Le 4 juin de cette année-là, une crue d'une rare violence ravagea en effet **La Chapelle-sur-Loire**. Emportées dans un tourbillon infernal, 48 maisons s'écroulèrent et 78 furent détériorées. Seule l'église et quelques maisons en aval de la rue Brûlée furent épargnées.

« Il est défendu de trotter sur le pont » est-il inscrit sur les piliers du pont suspendu Bonaparte (devenu pont Napoléon) entre **Tours** et **Saint-Cyr-sur-Loire**. Construit en 1853, et plusieurs fois reconstruit, il remplace le bac qui reliait les deux rives du fleuve.

Intense activité ferroviaire à **Saint-Cyr-sur-Loire** dans les années 1920, desservi dès 1899 par des tramways de Tours à Luynes et à Fondettes. La gare de Portillon, ouverte en 1913, répond alors aux besoins des entreprises locales. Après 1930, la concurrence des autobus s'intensifie et menace le rail. La ligne connaît un regain d'activité durant la seconde guerre mondiale, avant sa fermeture en 1949.

Un métier disparut, celui de lavandière sur les bateaux-lavoirs arrimés le long de la Loire à **Tours**. L'eau du fleuve avait la réputation de bien laver le linge !

« Le Tourangeau demeure comme l'Indien sur sa natte, comme le Turc sur son divan. La Touraine est un pays de fainéantise sublime. La mollesse de l'air, la beauté du climat, une certaine facilité d'existence et la bonhomie des mœurs y rétrécissent le plus vaste des cœurs, y corrodent la plus tenaces des volontés… »

Balzac.

Orbigny en 1908, route de Montrésor.

34

La mairie, place de l'Église au **Grand-Pressigny**. Au premier plan, une brave dame porte précieusement ses deux paniers à œufs.

À **Tours**, la fontaine de Beaune-Semblançay a subi au cours des siècles trois déménagement. En 1511, elle est installée au Carroi de Beaune, tout près de l'hôtel Beaune-Semblançay. En 1777, pour permettre la création de la rue Royale (rue Nationale aujourd'hui), la fontaine est démontée et stockée. En 1820, elle est mise place du Grand-Marché pour les commerçants du marché (photo ci-dessus). Elle retrouve son emplacement d'origine en 1958, jardin de Beaune-Semblançay.

Tours, 1913, la rue Nationale.

En 1869, on détruisit quelques maisons ayant appartenu à un ancien conseiller municipal de **Tours**, Charles Plumereau, qui donna son nom à la place et au quartier, l'ancien « carroi aux Chapeaux ». Les maisons à colombages du XVe siècle furent restaurées à partir de 1960.

Un tramway rue des Halles, à **Tours**, un lointain souvenir ! Comme l'est également la grande halle centrale, construite sur le modèle parisien Baltard, et rasée en 1979.

Jusqu'en 1930, le bassin du Lion d'Or était le confluent du Breuil et de la Roumer. On y lavait le linge à l'ombre de la grande cheminée de la boutonnerie. Aujourd'hui, l'espace busé et goudronné est devenu le parking de l'office du tourisme du pays de **Langeais**.

Tout le village de **Saint-Patrice** semble s'être donné rendez-vous à l'entrée du bourg : le couvreur et son échelle, les petites filles endimanchées, les femmes portant ombrelle, en corsage et jupe longue.

AUX CHAMPS

Au début du XXe siècle la Touraine, comme l'ensemble des régions françaises, est une région majoritairement rurale.
L'agriculture, l'élevage et bien sûr la viticulture se côtoient sur des terroirs bien marqués.
De la cour de ferme aux champs, des chais à la vigne, la campagne tourangelle se laisse redécouvrir au grès des saisons.

Le temps des vendanges est arrivé.
Fûts, basses, pilon, seaux en bois et pressoir sont prêts à fonctionner

À peine les vendanges terminées, les vignerons préparaient les pieux ou « échalas » en chêne, charme ou acacia, sur lesquels s'entortillait la treille. Devant l'église de **Civray**, le personnage de droite tient sur l'épaule une pioche spéciale appelée « dégrattoire », servant à faire une cuvette au pied de chaque cep pour faciliter le travail de la taille.

En bordure de la route de **Luzillé**, au Liège, chez Camille Gaulpied, on s'éreinte autour de la machine à battre. Au fond, on aperçoit la cheminée de la chaudière et les courroies de transmission tendues sur les poulies. Tandis que le grain gonfle les sacs, la paille est préparée en ballots, sous un nuage de poussière.

Le fléau, ou plutôt le « flo » comme on l'appelait dans ce coin de Touraine, n'était, en 1941 lorsque fut prise cette photo, plus usité que pour battre les petits lots de graines ou de haricots, ici à **Saint-Nicolas-de-Bourgeuil**.

« Après le café et la "rincette" (pousse-café), *considérant comme mineures les tâches multiples de sa "bourgeoise", il se dirige, à pas mesurés, vers l'écurie de son cheval, l'unique cheval de la ferme. Là, seulement, il apporte toute sa vigilance, ses soins méticuleux à l'animal qui le salue d'un hennissement souvent répété. L'attelage, les outils aratoires sont préparés et l'on s'en va, lui et elle, sans hâte, vers la parcelle à cultiver. Il arrive fréquemment que la rencontre d'un voisin, d'un ami qui comme eux commence sa journée vers 10 heures soit l'occasion d'une conversation prolongée. »*

Le Paysan au travail, anonyme.

Souvenirs des vendanges d'autrefois. Lorsque septembre arrivait, toutes les bonnes volontés étaient les bienvenues. Un panier en osier, un sécateur à la main, les vendanges pouvaient alors commencer.

Scène de battage à **Bossée**, dans les années 1947-1948, époque où commence à se généraliser l'emploi des premiers tracteurs. Au premier plan à gauche, la locomobile est reliée par une grande courroie à la batteuse, autour de laquelle se sont rassemblés les moissonneurs. Chacun a une tâche bien particulière, déterminée dès le matin. Certains ferment les sacs de grains, d'autres sont chargés de les porter à dos d'homme jusqu'au grenier, d'autres encore surveillent le fonctionnement du monte-paille, d'autres enfin portent les bottes à bout de bras, à l'aide de fourches, et édifient le pailler.

Édité en carte postale sous le titre *Un pâturage tourangeau*, cette vue est prise au Vieil Étang à **Ballan-Miré** (dont l'assèchement est attesté dès 1688). On aperçoit, au fond, l'ancienne métairie de la Taillerie, aujourd'hui près des terrains de tennis de la commune.

Point d'âne ou de cheval ! C'est tiré par un chien que l'on faisait ici les cours trajets (**Chinon**). Très pratique pour les transports rapides et individuels encore en 1915, « *la chârte à chian* » fut cependant rapidement détrônée par la petite reine.

Les battages à Malicorne, sur la commune de **Dolus-le-Sec**, en 1932. La machine à vapeur (à l'avant) entraîne la poulie qui fait marcher la batteuse. La grande toile que tient un ouvrier, à droite, est appelée « charrier ». On y met les débris de paille pour les animaux. On passe les sacs de blé sur la bascule (à gauche), puis on les monte au grenier.

Les semailles à **La Chapelle-Blanche-Saint-Martin**. Après l'effort, le réconfort !

« Poursuivi par un chien sur la butte du Bois-Godeau, à Ligueil, Gargantua cherche à l'éloigner en lui lançant la terre de ses sabots. Gargantua a laissé des patins à la Grande Marche, sur Manthelan. À Saint-Cyr-sur-Loire, Gargantua décrotte son sabot et crée la Motte-Saint-Cyr. À Saint-Flovier, deux tumulus, connus sous le nom de Pas de Gargantua, ne furent pas totalement fouillés, "par peur du Diable". Gargantua traversait la Loire pour aller voir les filles de Saint-Genouph. La Devinière, à Seuilly, perpétue, à travers Rabelais, la mémoire du Gargantua littéraire. »

Paul Sébillot, *Sur les traces de Gargantua.*

Diriger les chevaux, appuyer sur les mancherons, tracer le sillon bien droit, tout en marchant dans le guéret, voici un travail bien dur pour ce jeune adolescent à **La Chapelle-Blanche-Saint-Martin**.

« Au nord de la Vienne, les vignes de Bourgueil et de Chinon plantées en cabernet franc, ou "breton", qui atteint là sa limite septentrionale, produisent des rouges. Dans la région de Tours, sur la rive gauche comme sur la droite, la limite est orientée nord-sud : elle passe par exemple entre Rochecorbon et Sainte-Radegonde. Les cépages de chenin ou pineau blanc préfèrent les terres d'aubuis, sols légers et peu caillouteux, qui occupent le sommet des plateaux sur la rive droite de la Loire, à Vouvray et Rochecorbon, mais aussi sur la rive gauche, à Amboise. »

Brigitte Maillard, 1998.

Il faut lier les gerbes, cueillir les fruits et se coiffer de dentelle au début du XXe siècle.

La Société vinicole de **Langeais** en 1902. Marchands de vins jusqu'en 1950, les activités se diversifient dans les eaux gazeuses de 1942 à 1953 et la fabrication de pains de glace de 1946 à 1971. Quel Langeaisien ne se souvient pas également du bon cidre Pomaci ?

De nombreuses grottes, naturelles ou creusées par les hommes pour extraire le tuffeau, deviennent des caves tout à fait adaptées à la culture du champignon de Paris.

Belles des champs, ces dames de **Bournan** ont revêtu l'authentique costume tourangeau, ici dans les années 1930, à l'occasion d'une fête.

En 1915, la population active masculine est à la guerre. Les femmes se retrouvent seules et prennent en main les activités généralement réservées aux hommes dans les usines, à la ferme et dans les champs. Ici les femmes de **Vou**, secondées par quelques hommes âgés et des adolescents, ont pris la relève et font la moisson. À l'aide de leurs fourches, elles déchargent la charrette de ses gerbes de blé et les entassent en une énorme meule.

À **Saint-Bauld**, au début du XXe siècle, l'atelier Ménard construisait charrues, brabants et herses que les chevaux tiraient vaillamment.

« Nous arrivâmes à l'époque des vendanges, qui sont en Touraine de véritables fêtes. Vers la fin du mois de septembre, le soleil, moins chaud que durant la moisson, permet de demeurer aux champs sans avoir à craindre ni le hâle ni la fatigue. Il est plus facile de cueillir les grappes que de scier les blés. Les fruits sont tous mûrs. La moisson est faite, le pain devient moins cher, et cette abondance rend la vie heureuse. »

Le Lys dans la vallée, Balzac.

AU CŒUR DES VILLES ET DES VILLAGES

UNE FOIS LES TRAVAUX des champs terminés, on se retrouve aux villages ou en ville pour acheter ou vendre des produits nécessaires à la vie quotidienne…
Il règne une ambiance conviviale sur les marchés de Touraine, une foule nombreuse se presse et s'active devant la marchande de beurre moulé, ou bien l'on attend la réparation de son vélo chez le charron reconverti en fabricant de matériels agricoles ou de deux roues !
Alors, que vous pratiquiez ou non le patois tourangeau, n'oubliez pas votre casquette ou votre coiffe pour aller faire vos courses.

Les halles à Paris ? Non, le marché aux volailles de **Sainte-Maure**, où l'on se bouscule. Il en fallait des chevaux pour tirer toutes ces charrettes ! Malgré cette cohue et cette effervescence, on prenait le temps de vivre…

C'est jour de lessive à **Manthelan** ; les lavandières en bonnet se sont retrouvées sous le lavoir édifié au bord d'un mince filet d'eau : l'Échandon. Deux femmes aux manches relevées, agenouillées dans leur cabasson, savonnent ou rincent à l'eau claire le linge contenu dans leur baquet.

Le cantonnier municipal sur la place de la mairie de **Montbazon**, le fameux « père Thiou », avec sa carriole à chien, s'active pour nettoyer la place qui accueillait, à cette époque, le marché du mardi.

À **Luzillé**, monsieur et madame Octave Harnois, vers 1908, se diversifient dans les petites machines utilisées dans le monde rural : ils « vendent, louent et réparent » les machines agricoles et les moyens de transport les plus modernes (seuls les plus riches ont alors une automobile !), mais aussi des machines à coudre, des motos, des pulvérisateurs…

Chaque matin, dans les années 1920, le boulanger de **Benais** et son commis chargeaient la charrette de quelques beaux pains croustillants et partaient les livrer à travers la campagne.

La boutique de Marcel Couratin à **Ferrière-Larçon**, en 1920, que l'on voit ici en compagnie de sa sœur et du voisin cafetier.

Jour de marché à **Preuilly-sur-Claise**.

« Notre tarif épicerie du 1er septembre 1905 :
Pommes de terre le kil. 0,10 franc
Sucre le kil. 0,70 franc
Chocolat Menier les 125 gr. 0,40 franc
Pâtes extra les 500 gr. 0,50 franc
Absinthe le lit. 1,80 franc
Marc vieux de pays le lit. 2,25 francs
Casserole mod. moyen 0,45 franc
Cache-corset haute nouveauté 1,25 franc
Aux DOC, évidemment ! »

La Dépêche du Centre, septembre 1905

Livrée blanche et toque de rigueur pour la brigade de cuisiniers de l'hôtel de France à **Chinon**. Costume trois pièces pour les serveurs... Fidèle à sa tradition d'excellence, l'hôtel de France savait mettre les petits plats dans les grands au début du XXe siècle.

Au marché de **Sainte-Maure**, en 1903.

La foire à bestiaux du **Grand-Pressigny** se tenait sur la place. La majeure partie des vendeurs et acquéreurs portent la blouse qui est encore en usage chez les marchands de « bestiaux ».

Avant 1920, il était habituel que la fermière utilise un attelage de chien pour aller au marché, ici à **Bléré**. Au pays du fromage de chèvres, les biquettes sont transportées « avec diligence » ! Durant la seconde guerre mondiale, ceux qui vivaient de part et d'autre de la ligne de démarcation aidaient à passer des évadés du camp d'Amboise en les cachant sous un tombereau de fumier. On raconte qu'une fermière des Ouches, au sud de Bléré, suivait avec les valises dans sa voiture à chien.

Le tiercé n'existait pas encore, mais le rendez-vous sur la terrasse du Lion d'Or à **Fondettes** était incontournable. Les anciens racontent qu'un des clients était surnommé « Galope Chopine ».

Un marchand de **Pernay**, vendeur de légumes aux halles de Tours, rentrait par la levée de la Loire. Il faisait de nombreux arrêts dans les cafés. Un de ses derniers arrêts était le café de Vallières. Un jour qu'il « tenait une cuite » mémorable, la tenancière chargea le bonhomme dans la carriole et le brave cheval ramena son chargement jusque chez lui. En arrivant, il secoua l'encolure pour faire sonner son collier à grelots. La maîtresse de maison récupéra son époux... bien fatigué.

Marchands des quat'saisons, à **Tours**. en 1904. L'ancienne halle de type Baltard, sur la gauche, a été détruite dans les années 1970 pour laisser place aux halles actuelles avec leur architecture typique des années 1980.

> *« Le fil téléphonique est de toutes les conversations. Celui qui relie Tours à Paris s'avère vite insuffisant – on en réclame un second, puis un troisième –, alors que Chinon pleure une liaison. Quant à devoir subir la coupure d'une communication excédant six minutes, cela devient intolérable. On interpelle à ce sujet rien moins que le sous-secrétaire d'État aux Postes et Télégraphes, lui contant ses déboires avec « la dame » du téléphone, une employée à l'époque. Écoute-t-elle les conversations pour colporter au village les nouvelles de toutes sortes, coupe-t-elle la communication sans préavis pour clouer le bec à qui lui déplaît ? »*
>
> Lu dans la presse locale au début du XXe siècle.

Au début du XXe siècle, à **Loches**, les Galeries Lochoises couvraient 350 m^{2}. Un magasin les séparait du journal le *Réveil lochois* qui a déménagé en 1967 pour la rue de Tours. L'endroit devint Monoprix, gardant le nom de Galeries Lochoises jusqu'en 1972.

Que vend sur la place Saint-Martin de **Ligueil**, vers 1907, cette marchande autour de laquelle se groupent des Tourangelles portant bonnet ? Au loin, devant le café-restaurant du Cheval Blanc, les charrettes attendent leurs propriétaires et leurs chevaux patientent à l'abri dans l'écurie de cet établissement.

L'épicerie Hérault-Rabineau était le supermarché des années 1900 à **Saint-Senoch**. L'enseigne et les panneaux publicitaires nous apprennent que cette petite boutique faisait office d'épicerie, de mercerie et de magasin de confection,

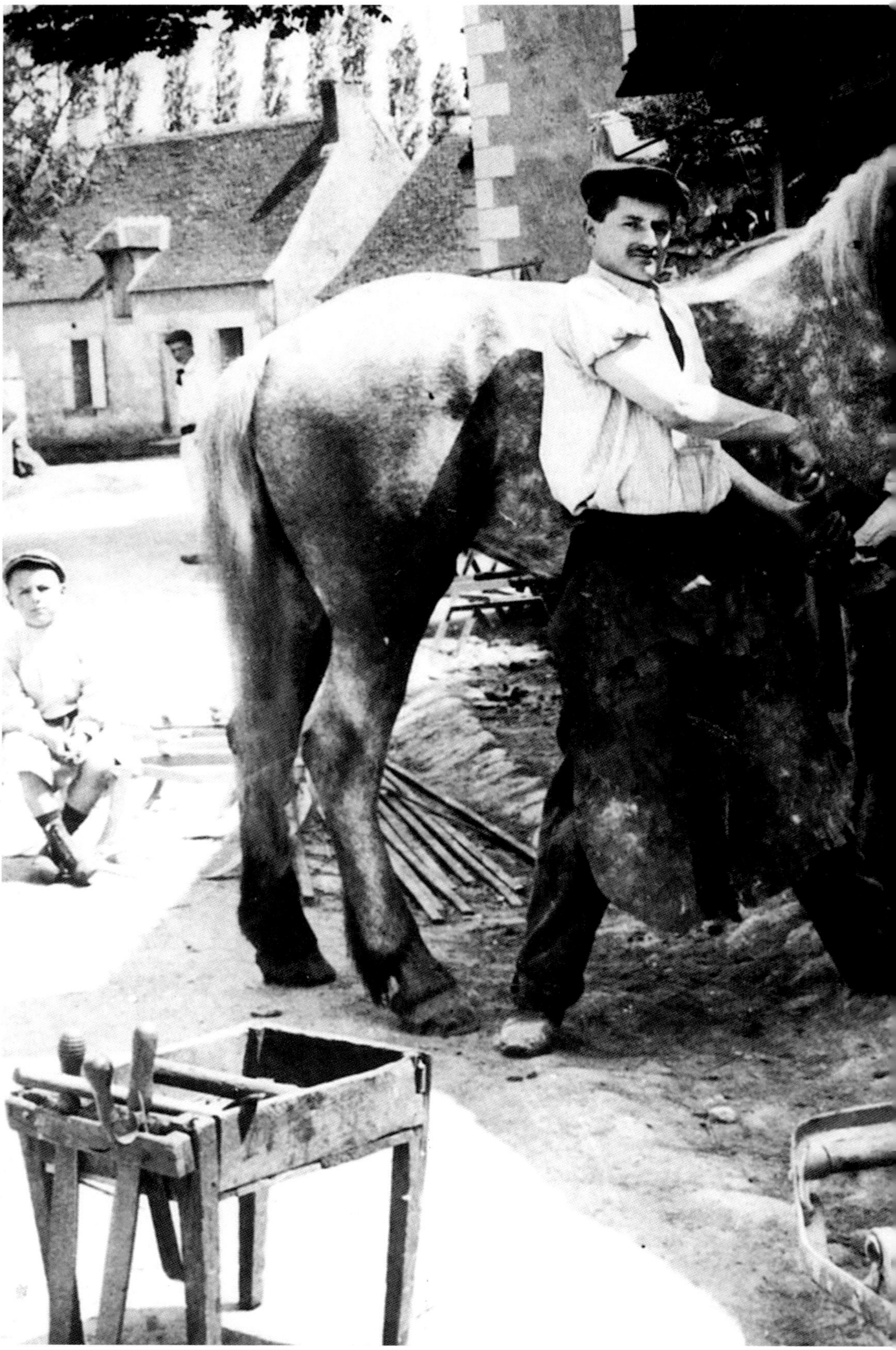

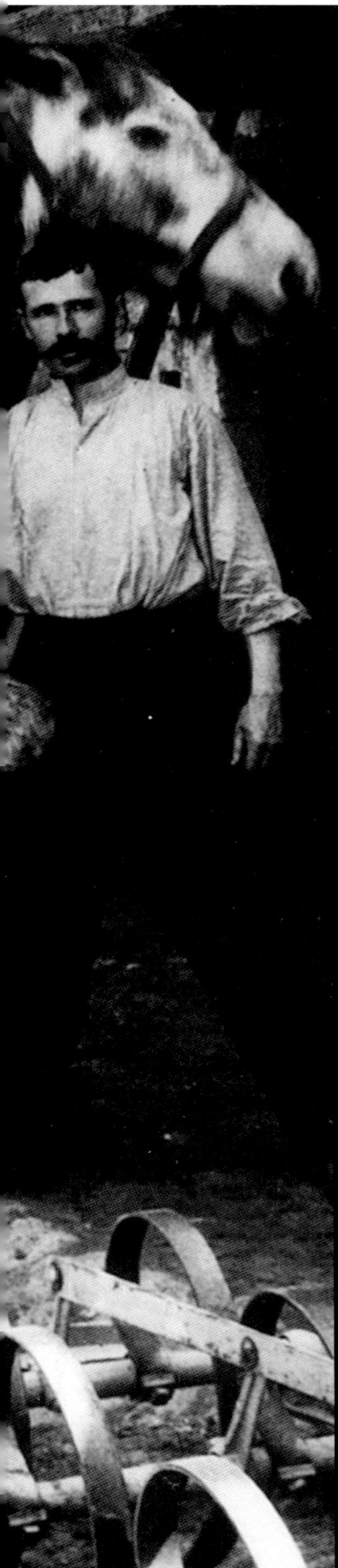

À L'ATELIER

Au début du XXe siècle, si l'essentiel de l'activité économique est agricole, les vieux métiers artisanaux côtoient désormais les nouvelles activités nées du progrès technique de la machine à vapeur, de l'électricité ou du moteur à explosion.
À côté des traditionnelles tanneries, vanneries et autres laiteries, se développent des usines de mécaniques, des garages automobiles, etc. La Touraine entre dans la modernité !

Le forgeron s'emploie à remettre un fer au cheval. La charrue attend... et un enfant se repose et ne manque rien de la scène.

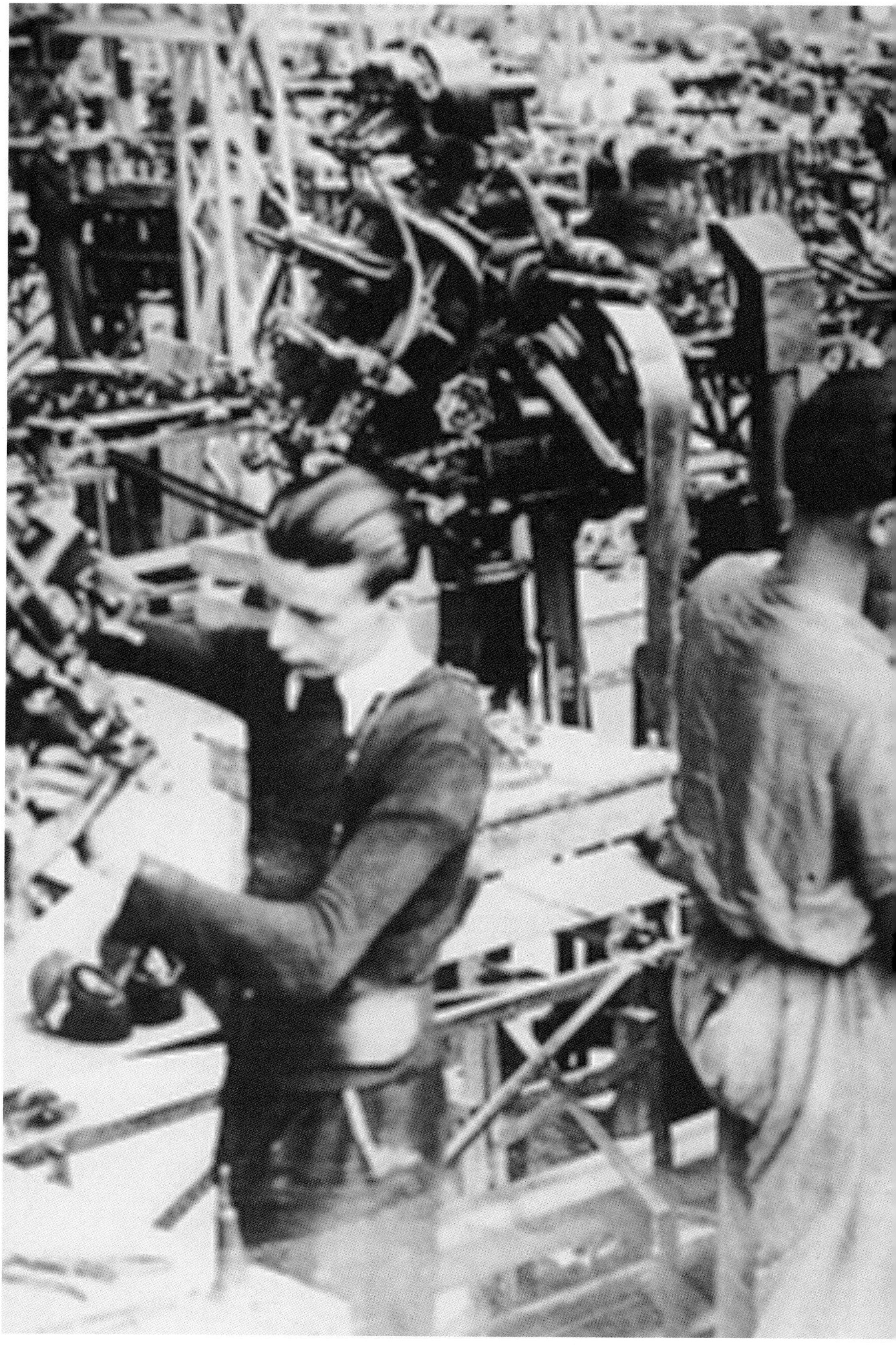

Les Établissements Gounin à **Amboise**, aujourd'hui disparus. Situés en centre-ville, ils fabriquaient des chaussures et employaient 450 personnes.

Au XVIe siècle, la cour royale, qui séjournait fréquemment à Vendôme, était incommodée par les odeurs des tanneries. On décida de les déplacer plus au sud, dans une région où les forêts de chênes fourniraient l'indispensable tan et, où l'eau vive d'une rivière aiderait aux multiples manipulations des peaux. On comprend alors le choix de **Château-Renault**, au cœur de la forêt de Gâtines, au confluent de la Brenne et du Gault ; c'est ainsi qu'en 1543, Bertrand Peltereau, maître tanneur, reçut par lettres patentes royales l'autorisation d'implanter ici le travail du cuir.

Couple de vanniers dans leur cave troglodytique à **Villaines-les-Rochers**.

Chouzé, un grand centre de vannerie ? Depuis l'époque de la marine de Loire et jusque dans les années 1970, Chouzé fit vivre cette tradition à grande échelle. Lorsque l'hiver gèle et embâcle, contraignant les mariniers à « se mettre en fosse », l'osier devient une source d'occupation et de revenus salvateurs. En 1891, le village comptait quarante-cinq ouvriers patrons, employant en moyenne deux ouvriers, autant dire que l'essor économique de Chouzé était intimement lié à cette activité. Si aujourd'hui tous les vanniers ont disparu, chacun conserve en mémoire l'image de ce grand-père, assis par terre, tressant sans relâche les brins d'osier noir pour en faire des paniers à huîtres ou à bouteilles. En 1917, l'atelier d'Octave Ébreuil a permis à des blessés de guerre, comme le montre cette photographie, de s'occuper avant de repartir pour le front.

Sur la Loire, bateaux-cabane de pêcheurs de **Bréhémont** en attente de saumons et d'aloses, en 1941.

Les frères Couty avaient succédé, après 1900, à la Maison Poussin, fondée à **Bléré** en 1868, sur le quai en aval du pont. Ces menuisiers fabriquaient des parquets en chêne, ainsi que des moulures.

Cour du charron Bergerault à **Mouzay**, en 1924, avec les ouvriers à droite et sa famille.

74

Pioches, pelles, brouettes étaient les seuls outils des ouvriers de carrière qui arrachaient la terre, l'argile, matière première pour la fabrication des briques et carreaux.

La laiterie de **Ferrière-Larçon**. Le petit bâtiment transversal du fond servait à attacher les chevaux pendant que les charretiers allaient déjeuner dans un des restaurants du village.

Sur la route de Tours, à la sortie de **Bléré**, on remarquait la laiterie coopérative du canton qui drainait une production laitière alors importante.

Les écrémeuses de la laiterie de **Reignac**, en 1920. La crème sortait dans le bac rectangulaire. Elle était reprise par une pompe et montait à l'étage, jusqu'au bac de réception, pour être barattée et transformée en beurre. Les sous-produits (babeurre, sérum...) étaient rétrocédés aux sociétaires pour l'élevage des porcs.

À **Loches**, la cour de la Minoterie Lochoise, vers 1950.

Le travail ne manque pas au garage Clément, place Nationale, à **Ligueil**. On prend cependant le temps de poser pour une photographie promotionnelle, aux côtés des nombreuses voitures (Renault, Peugeot, Citroën B2 Torpédo, Citroën 5 CV Trèfle…) qui attendent les mains expertes des mécaniciens pour reprendre la route.

Le moulin du Verger à **Vou**, vers 1910. Le meunier employait plusieurs ouvriers : les fariniers, toujours vêtus de blanc, pour l'entretien et le fonctionnement du moulin, et le charretier chargé du transport du grain et de la farine avec les chevaux, dont il prenait soin nuit et jour depuis sa couchette suspendue au plafond de l'écurie. La farine était transportée dans un chariot bâché, tiré par deux chevaux attelés en file. Suivant la charge et les difficultés de la route, le second prenait la place du premier. Au retour, après avoir livré la farine chez les boulangers, le charretier collectait les sacs de blé dans les fermes.

La conserverie de champignons de couche Gillard à **Beaulieu-lès-Loches**, dans les années 1950.

Au début du XXe siècle, à **Marmoutier** et **Sainte-Radegonde**, le sable était encore tiré du fleuve à bras d'homme, à l'aide d'une perche. Chargé ensuite dans des tombereaux, il était amené sur le quai par de puissants percherons.

L'artisan-teinturier Didier, rue Nationale et rue Constantine à **Tours**, avait une spécialité : la teinture des écheveaux de soie.

Le premier constructeur automobile tourangeau fut Delahaye, rue du Gazomètre à **Tours**. Il émigra vers Paris. La firme Rolland-Pilain démarra en 1906, rue Victor Hugo, puis installa, place Rabelais, une grande usine. Elle employait 400 personnes et fabriquait des obus, en 1914.

L'usine Mirault-Frères s'installa au Sanitas à **Tours** ; on y fabriquait le chocolat, les confiseries, l'huile de noix et les rillettes… de Tours. Et sachez, pour l'anecdote, que l'un des frères Mirault, Louis, était poète !

Les ateliers de la Compagnie de chemin de fer du Paris-Orléans s'installent le long du canal à **Saint-Pierre-des-Corps**. Suite aux grèves de 1920 et des licenciements, la gestion de l'entreprise est confiée pour quinze ans à la CGCEM (Compagnie générale de construction et d'entretien du matériel) dirigée par le colonel Rimailho, inventeur du canon de 155. Il crée une cité, la « Cité Rimailho » ou « Camp de Grasse », pour loger les ouvriers licenciés et réembauchés (700) et les émigrés russes, polonais, tchèques. Avec 2 100 emplois en 1930, la CGCEM est la plus importante entreprise privée du département.

Le passage souterrain de la gare de **Saint-Pierre-des-Corps** permettait de passer de la berge au centre de la voirie où arrivait le train. Nous sommes dans les années 1910-1920.

ON VOYAGE...

AVANT L'ARRIVÉE de la voiture et du transport routier qui s'impose en France après la seconde guerre mondiale, le chemin de fer était un « instrument du progrès » dans nos campagnes.
Chaque chef-lieu de canton possédait sa gare traversée par une grande ligne nationale ou par une ligne d'intérêt local à voies étroites. Des dizaines de paysans, de commerçants transitent quotidiennement vers les grandes foires de **Loches** ou de **Tours**, ou vers des marchés locaux.
Ne ratons pas le train !

Le train permet de visiter les châteaux de la Loire dès la fin du XIXe siècle, ici celui de **Chenonceau**.

C'est le passage de Napoléon III à **Château-Renault**, en 1856, qui accéléra le processus. Devant une carte des tracés déployée par le ministre des Travaux Publics, monsieur Rouher, le maire, monsieur Pesson, déclara : « Sa Majesté apprécie avec une justesse admirable. L'empereur a maintenant le dossier en main, je ne m'en occuperai plus. »

Les cheminots de **Ligueil**, photographiés en 1895, peu de temps après l'ouverture de la ligne, avec la petite locomotive belge n° 21, devant le bâtiment voyageurs. Créé en 1889 par la compagnie des Chemins de fer départementaux (CFD), le réseau sud d'Indre-et-Loire, dit Étoile de Ligueil, était composé de deux lignes qui se croisaient à Ligueil : Le Grand-Pressigny - Tours et Ligueil - Montrésor - Ecueillé, avec jonction dans cette gare avec la ligne Le Blanc - Argent.

Sur la ligne se dirigeant vers Loches, à la sortie de la gare du **Grand-Pressigny**, se trouve un magnifique pont métallique si bien construit qu'il sert toujours au passage des voitures. Signalons tout de même que les braves promeneurs avaient à l'époque le temps de se garer de la machine !

Reléguant au rang des souvenirs les gabares qui transportaient jusqu'en 1855 les marchandises, le chemin de fer fit son apparition dans le Chinonais à la fin du XIXe siècle. Soumis au conseil municipal en 1855, le projet d'une ligne reliant Les Sables-d'Olonne à Tours en passant par La Roche-sur-Yon, Bressuire, Loudun, Chinon et Port-Boulet fut adopté.

La gare de **Tours** fut ouverte au public en 1898. Les Tourangeaux n'étaient plus qu'à six heures de la capitale !

Avec le développement du chemin de fer apparaissent les guides touristiques, tel celui de 1856, impitoyable dans sa description d'Amboise : « *Rien de plus triste que ses rues désertes* » ou de la rue Nationale à Tours : « *Pour les amateurs de ligne droite, c'est la plus belle rue de la ville* », mais dithyrambique sur l'hôtel de l'Univers où l'on paie une chambre 1 franc et 50 centimes (bougie comprise), autant qu'une tasse de thé! Dans les campagnes, de nombreuses lignes, dites « électorales », se développent en toile d'araignée, alimentant méthodiquement les chefs-lieux du département en même temps que les conversations, surtout les jours de foire, et les faits divers dans les journaux. Mais cela coûte et, peu rentables en dehors de celles qui mènent aux grandes villes, elles disparaîtront finalement assez vite, concurrencées par l'automobile.

Vers 1920, le service des expéditions de la Maison Chatet et Lauvin, à **Saint-Cyr-sur-Loire**, entreprise de confection de fleurs artificielles, utilise les moyens de transport de l'époque. Dans la villa, l'atelier est une ruche bourdonnante animée par un important personnel féminin.

Ce n'est pas une fiction, ceci a réellement existé : au centre de **Fondettes**, le chef de gare, la bagagiste, le préposé au courrier et le petit « tacot » qui crachait ses volutes de fumées, en transportant ses voyageurs.

Voici la première automobile de **Saint-Flovier**. Son propriétaire était monsieur Thibault, officier de santé et maire de la commune. Cet événement fut bien sûr l'occasion d'éditer une carte postale, afin de l'immortaliser.

Riche en châteaux, fréquentée par des hôtes de marque, peu éloignée de Paris, la Touraine accueille les voitures automobiles avec enthousiasme, phaétons, double-phaétons et voitures de médecins en tête. Elle est même, dans la première moitié du XXe siècle, le berceau de plusieurs marques prestigieuses : Delahaye, Rolland-Pilain, et plus tard Facel-Vega. Face à cet engouement, au début du XXe siècle, à Reignac-sur-Indre par exemple, on limite la vitesse à 10 km/h dans la traversée des villages. Et l'on prévient les « accidents sanguins » par le port de protections sur le visage, tant la pression du vent peut être dangereuse.

Ferrière, 1952. On reconnaît Édith Marinier, née Varvoux, devant sa première pompe à essence alimentée par les Pétroles de l'Ouest. Pas de cuve à l'époque, mais des bidons de 200 litres qu'il fallait traîner du garage vers la pompe !

Inauguration de la ligne de tramway au terminus d'**Azay-sur-Cher**. Il était de bon ton de venir à cette petite cérémonie avec son vélocipède qui accentuait l'élégance des femmes du monde !

Après avoir rencontré l'opposition des mariniers du Cher, la Compagnie de chemins de fer Paris-Orléans (PO) finit par ouvrir, en 1869, la ligne Tours-Vierzon. Elle comptait 13 stations, dont 4 en Indre-et-Loire : Véretz, Saint-Martin-le-Beau, La Croix et Chisseaux. Celles de Civray et de Dierre ne furent ouvertes que bien plus tard, laissant un répit aux mariniers et aux rouliers. Le passage de la ligne soulève quelques difficultés à **Montrichard**, aux confins de la Touraine, à cause de la colline des Monts Garnis (un tunnel de 645 m doit y être creusé) et le promontoire du donjon (tunnel de 395 m). Les deux premiers tunnels sont terminés en 1869, les nouveaux tunnels nécessaires pour la seconde voie terminés en 1908.

Nous sommes en 1908. Un train tracté par une machine à vapeur est arrêté en gare de **Langeais**. Entre la gare et le passage à niveau sur roues, deux citernes à eau. Aujourd'hui, à leur place, le wagon de la Déportation incite les voyageurs à la méditation.

La voiture à chien marque les années 1920. Frères et sœurs d'une même famille partent à l'aventure ; le chien ne semble pas enthousiaste.

ON APPREND, ON PRIE

JUSQU'À LA FIN des années 1950, la société rurale comme urbaine est encadrée par plusieurs institutions républicaines ou religieuses afin de « bien éduquer » les citoyens, mais aussi les chrétiens !

La vie des hommes et des femmes est rythmée par l'école, les rites religieux et l'église, le passage à l'armée pour les garçons, le mariage pour les filles...

Deux guerres mondiales viendront ajouter des heures sombres à une première moitié de XXe siècle bien agitée pour les Tourangeaux.

Sortie de la messe de communion à **Manthelan** en 1933.

Procession vers l'église au début du XXe siècle à **Richelieu**.

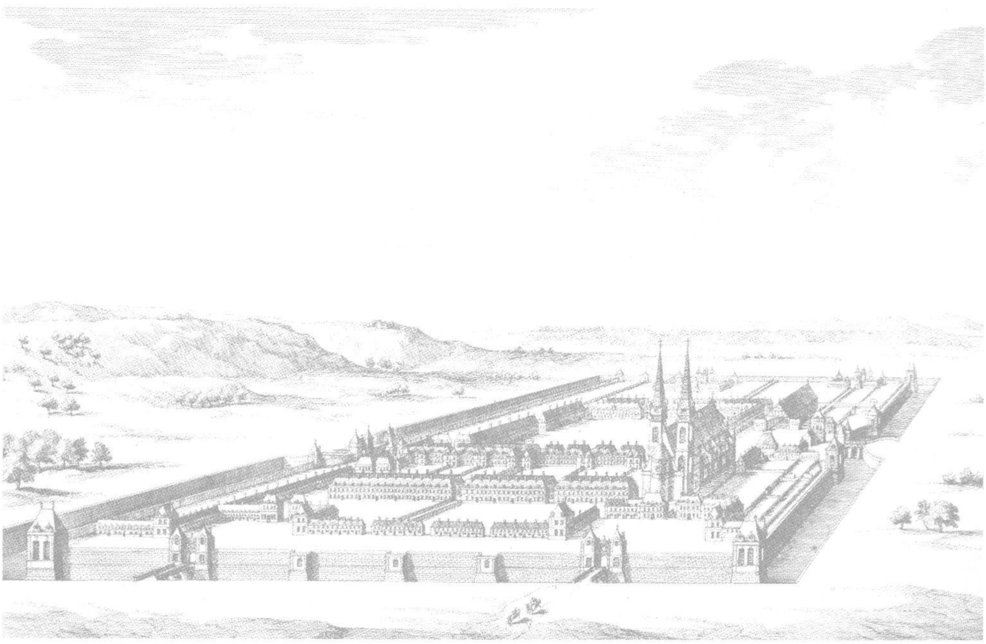

Une serviette nouée autour du cou, les jeunes filles de l'école communale de **Chinon** savourent le repas servi à la cantine.

L'école communale de garçon de **Bléré** fut dirigée, de 1920 à 1927, par un célèbre instituteur tourangeau, Paul Racault. Partisan du mouvement coopératif et mutualiste, il fut notamment fondateur en 1925 de la première cave viticole coopérative de la région de Bléré et, en 1932, de la Fédération des œuvres laïques d'Indre-et-Loire.

Au lieu-dit Montfouet, saint Martin aurait été battu par des voyageurs dont les mules avaient été effrayées par ses vêtements ; il alla laver ses plaies dans la fontaine de la Varenne. Depuis, suivant les dires traditionnels, l'eau rougirait encore du sang du saint. Tous les ans, les habitants de **La Chapelle-Blanche** organisaient un pèlerinage à cette fontaine.

Fêtes de Notre-Dame à **Fondettes**. L'affluence des pèlerins provoquait une intense activité et était à l'origine d'une véritable foire qui, par manque de place, avait lieu dans le pré de Vallières.

Lors de la mission de 1927 à **Betz-le-Château**, on a décoré le char qui transporte la croix jusqu'au carrefour où on va l'implanter en grande cérémonie. Les agriculteurs, montés sur leurs chevaux de trait, les femmes, les enfants, les valets de ferme… toute la population endimanchée est présente.

Monseigneur Renou, archevêque de Tours, s'attarde devant l'église d'**Athée-sur-Cher**, vers 1904. Nombreux disaient qu'il était attentif à tous et « n'avait qu'un défaut : ne pas savoir dire Non », d'où ses retards fréquents. Son vicaire général à l'air plus pressé…

L'école normale d'instituteurs de **Loches** a connu bien des usages : hôpital militaire pendant la Grande Guerre, lycée Alfred de Vigny. C'est aujourd'hui un centre de loisirs et d'hébergement.

Le prieuré de Saint-Jean-du-Grais, sur la commune d'**Azay-sur-Cher**, accueillit vers 1960 ce rassemblement de plus de mille enfants de chœur, organisé par l'abbé Sadoux, sous la houlette de l'archevêque de Tours, monseigneur Ferrand que l'on voit ici, prêchant.

Il ne reste plus de l'église de **Bridoré** que le chœur aux murs peints. Autrefois, Bridoré regroupait trois paroisses : Bridoré, Oizay jusqu'au XVe siècle (dont l'église est toujours visible), et Saint-Martin jusqu'à la Révolution (dont l'église est devenue une grange).

À l'école « d'en haut », celle des filles, face à la troisième mairie, en 1961 ou 1962… à **Saint-Cyr-sur-Loire**.

Il faut être tiré à quatre épingles pour accompagner la procession de la Fête-Dieu à **Saint-Cyr-sur-Loire**. Une dame ajuste la robe blanche, tout en volants, d'une petite fille. Ces enfants auront pour mission de jeter des pétales de fleurs au pied de chaque reposoir installé dans le parc. Le dernier occupe le rebord de la fenêtre du château de la Grenadière, pavoisé de tentures rouges richement brodées.

La fête religieuse de Saint-Martin se déroule toujours le dimanche qui suit le 11 novembre, jour de la mort du saint. Nous sommes ici sur la rive droite de la Loire, à proximité de Tours.

Cette photo de 1902 prise à l'école libre de **Sepmes** témoigne de la haute fantaisie dans les vêtements que portaient les enfants, même à l'école. Une petite fille avait apporté sa poupée... La tenue des écoliers deviendra très vite plus stricte.

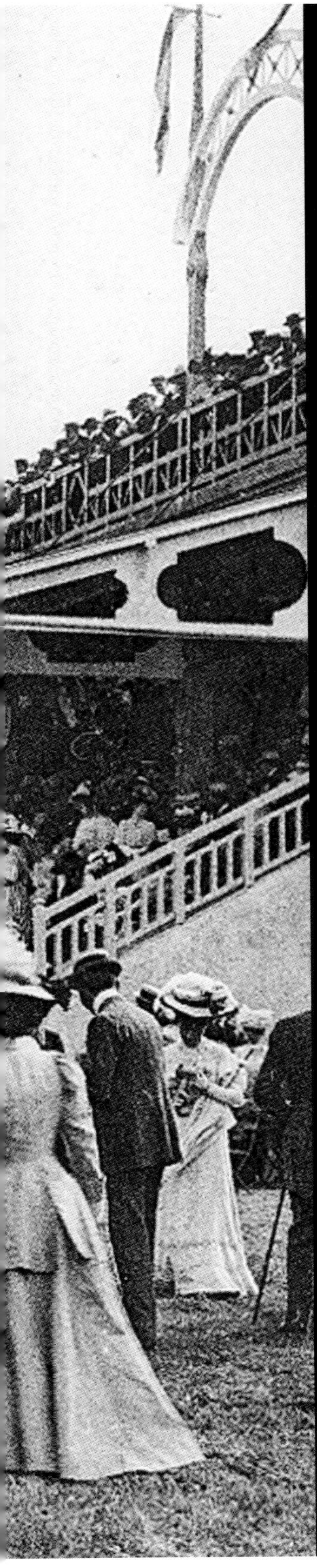

ON S'AMUSE

ENTRE LA FIN du XIXe siècle et les premières décennies du XXe siècle, la vie quotidienne de la majorité de la population dite laborieuse, en campagne comme en ville, est souvent rude et pénible, tant le travail est difficile. La vie s'écoule au rythme des saisons, lentement ; les journées de travail se calquant sur la lumière du jour. Alors, toutes les occasions de se reposer et de se divertir, en dehors de la veillée du foyer familiale, sont l'objet de grands rassemblements populaires, de fêtes parfois mémorables ! C'est l'occasion de porter son plus bel habit, sa plus belle coiffe, de bien manger et de bien boire...
Allons donc faire la fête !

Les courses à l'hippodrome de **Saint-Avertin** étaient très fréquentées.

Que de bonnes journées la jeunesse de **La Haye-Descartes** a-t-elle passées en ce lieu ! Aller à la plage, se baigner en Creuse, presque en face des papeteries, c'était « formidable », un mot très à la mode dans les années 1950 (avec « sensationnel » et « épatant »).

Bléré organisa, en 1925, la fête-concours de l'Association des sociétés de gymnastique du Centre. 1500 gymnastes furent ainsi reçus pendant 2 jours sur le terrain de Gâtine, à l'emplacement du stade actuel.

Le « casino » de **La Haye-Descartes**, tout un programme !

Départ du concours de pêche dans les rues du **Grand-Pressigny**. De nos jours, n'importe quel président d'amicale de pêcheurs serait ravi d'avoir une participation aussi importante.

La rosière de **Francueil**. Couronnée en grande cérémonie le jour de la Trinité, elle devait ensuite recevoir, le jour de son mariage, une dot de 1000 francs. Mademoiselle Louise-Théodorine Beauvais, la première rosière, fut couronnée le 11 juin 1911. Le maire lui offre son bras.

À **Manthelan**, l'hiver 1929 fut particulièrement rigoureux, et la neige se mit à tomber en plein carnaval sur ce petit train très fantaisiste avec sa locomotive et son wagon postiches.

Le café du Commerce à **Tours** et la salle de la fontaine monumentale, telle qu'elle était aux environs de 1914, quand ces messieurs en chapeaux melons venaient y boire le verre de l'amitié. La ville comptait alors près de 470 cafés.

Les grandes fêtes d'été à **Tours** des 13, 14 et 15 juin 1908. Les costumes de la cavalcade avaient été dessinés par l'artiste tourangeau, monsieur Delpérier. Un grand bal japonais eut lieu le soir au Théâtre français.

Sortie bucolique pour les pompiers de **Langeais** en 1937.

Les fêtes du 500e anniversaire du passage de Jeanne d'Arc à **Loches**, en 1929. Le cortège remonte la rue du Château, où les boutiques, dans sa partie haute, sont bien plus nombreuses qu'aujourd'hui !

Un mariage pendant la crue de la Vienne en 1923 dans le **Véron**.

Mariage au château du **Grand-Pressigny** : très belle photo des années 1900, réunissant à la fois les mariés, la noce, avec à l'arrière-plan la tour Vironne, sans oublier le puits. Le marié est en grande tenue de gendarme. Il ne vient pas de très loin. En effet, le grand bâtiment à l'arrière est la gendarmerie.

Fête patronale à **Tours**.

Le grand événement sportif et humain de ce début de siècle fut bien « Le Paris-Madrid » qui passa par **Tours** ! Il démarra de Versailles à 3 h 45 le dimanche 24 mai 1903. Il y avait même parmi les concurrents une intrépide « chauffeuse », madame du Gast sur une Dietrich de 35 chevaux.

La Loire, à **Chouzé**, a toujours attiré les promeneurs du dimanche. Ici, dans les années 1960, on aimait venir se balader sur les eaux tranquilles du dernier fleuve sauvage d'Europe.

Ambiance feutrée, chaussons obligatoires, les amateurs de boules de fort (boules aplaties cerclées de fer sur un terrain aux bords relevés) se donnaient rendez-vous rue Falloux à **Langeais**. Sur ce cliché de 1950, ce sont les Amis réunis qui prennent la pose.

Le jour de la Sainte-Anne, le 26 juillet, a lieu la foire à l'ail et au basilic de **Tours**. Le basilic, en ce temps-là, placé sur le rebord de la fenêtre, avait la vertu de chasser les moustiques et de porter bonheur

« Les sols plus siliceux et plus caillouteux des terres de groie ou « perruches » portent les vignobles qui donnent du vin rouge à Joué ou Savonnières et du côté nord, à Sainte–Radegonde, Saint–Cyr ou Cinq Mars. Il en va de même plus en amont aux confins du Blésois et dans la vallée du Cher pour les sols siliceux de la région d'Athée ou Civray ; le cépage Orléanais de « l'auvernat » n'occupe que les marges orientales de la Touraine. Sur les plateaux du nord de la Touraine, (ainsi dans les paroisses de Saint–Christophe ou Saint–Paterne), si les vins rouges sont tout à fait médiocres les sols caillouteux des pentes donnent des vins blancs de qualité convenable... »

Brigitte Maillard, 1998.

À l'occasion de la Grande Semaine de **Tours**, en cette année 1929, on se pressait sur la place Gaston Pailhou, revêtu de ses plus beaux atours. L'orchestre militaire jouait une marche.

À partir de 1921, la foire de printemps est enrichie d'une manifestation commerciale et culturelle appelée « la Grande Semaine ». Traditionnelle foire commerciale, elle propose des expositions, des fêtes populaires, des épreuves sportives et une fête foraine installée sur les quais de la Loire, puis transférée, après la seconde guerre mondiale, sur le site de la gare du canal de jonction de la Loire et du Cher.

« Du 9 au 14 mai 1923, a eu lieu à Tours, dans la magnifique Jardin de la Préfecture, la plus brillant exposition d'aviculture que l'on puisse voir en dehors de la manifestation de Printemps à Paris. En volailles, 745 cages étaient garnies de lots individuels ou d'ensemble, les lapins ou léporides occupaient 383 cages et, par une initiative particulièrement heureuse, 22 chèvres, boucs ou chevreaux, furent présentés. Il y eut même une traite de contrôle pour les chèvres. C'est un exemple qui mérite d'être signalé et suivie. »

Journal d'Agriculture Pratique, 1er semestre 1923.

L'équipe mythique de l'US **Barrou**, qui se déplaçait le plus souvent à bicyclette, recevait sur le beau stade qu'elle avait créé, route du Grand-Pressigny (vers 1932).

Montrichard est un chef-lieu de canton du Loir-et-Cher, mais nous sommes bien encore en Touraine. L'Éveil de Nanteuil, fondé en 1932, société d'athlétisme et de danse, est en démonstration sur la place du Champ de Foire en juillet 1945. À cette occasion, la place est clôturée de balustrades au pied desquelles sont installés des gradins pour le public.

L'ART DE VIVRE TOURANGEAU

« Les horizons calmes, l'harmonie des lignes "où coteaux et prairies ont l'air de se déduire les uns des autres et de s'enchaîner comme les parties d'un beau discours" ont créé une race équilibrée, peu accessible aux prompts emportements comme aux profonds désespoirs ; et ce cadre naturel baigné dans une lumière dorée sous un ciel souvent limpide a inspiré les artistes dans leurs œuvres ordonnées et harmonieuses mais sans monotonie, jusqu'au jour où d'autres influences s'exercèrent sur cette race pour faire germer et fleurir ses dons innés. [...] La Touraine, ainsi dotée de tous les éléments qui constituent sa puissance d'attraction, sans presque en acquérir de nouveaux comme sans en perdre d'essentiels au cours des siècles suivants, mérite dès le XVIe siècle le nom de jardin de la France, que Rabelais lui attribue pour la première fois dans son *Pantagruel* et qui servira longtemps encore à évoquer l'attirante province. » *Histoire de la Touraine*, Eugène Pépin, juillet 1935.

La Touraine, jardin de la France, est le terroir d'un délicieux fromage qui y a puisé sa douceur : le Sainte-Maure-de-Touraine, fromage de chèvre d'appellation contrôlée. D'après la légende, la fabrication de ce fromage remonterait au temps de la bataille contre les Arabes, en 732. Les Sarrasins, avant de s'enfuir, auraient laissé leurs chèvres en échange de quelques belles Tourangelles.

Un repas de vendanges dans le hameau de la Rochette, à **Chédigny**, en 1949. Une partie du village est venue aider les propriétaires.

Cette carte de 1904 montre le père Jacques, passeur sur la Loire et le Cher en face de **Saint-Mars-la-Pile** (le bac sur la Loire n'existait plus). Il s'agissait en fait d'un câble tendu entre les deux rives du Cher et qui servait à guider le bateau. Avec sa bourde, il lui suffisait de conserver l'angle dérive, et le courant de la rivière faisait glisser le bateau et son chargement.

Véritable institution, le marché avait un rôle économique mais également une fonction sociale de première importance. Au début du XXe siècle, à l'heure où les moyens de communication d'un village à l'autre n'étaient pas toujours faciles, le marché était l'occasion de se tenir au courant des dernières nouvelles. De petits potins en grands discours, l'information passait.

« Les femmes y sont d'une beauté qui surpasse l'imagination. Celles des autres pays paraîtraient laides à côté d'elles. Elles joignent à cela un goût dans leur parure qui ajoute encore à leurs grâces. Leur vue captive les yeux et allume le désir. Mais la nature a mis bon ordre à ce que la séduction qu'elles exercent ne devienne une source de péché; elle leur a donné en même temps que la beauté une chasteté à toute épreuve, comme font ceux qui tempèrent l'éclat de la rose en la mariant au lys. »
Excursions en Val de Loire par le chemin de fer en 1856 par un moine de l'abbaye de Marmoutier.

Ce n’est encore que de la bernache, mais ça semble déjà drôlement prometteur à en juger par les mines réjouies.

Autre moyen de transport des plus simples, pourtant inventé, dit-on, par un génie, le philosophe Pascal : la « bérouette ». Celle de nos grands-mères servait également à se reposer en regardant s’écouler l’eau sous les ponts ou... sur les barrages !

Véritable curiosité, le clos situé à quelques encablures du château de **Chinon** a amusé bon nombre de Chinonais. Un mystérieux écho renvoie aux visiteurs leurs paroles ou, du moins, quelques syllabes ! On raconte que certains se plaisaient à venir écouter les dernières syllabes répétées par l'écho lorsqu'ils criaient : « Les femmes de Chinon sont-elles fidèles ? » « ... elles ». « Les femmes de Chinon ? » « ... Non ».

Des carrières à flanc de coteau de **Langeais**, on tirait des blocs de tuffeau pour la construction des maisons. Transformées en habitations troglodytiques, elles abritaient une population souvent démunie.

L'art de vivre dans un troglodyte, quelque part sur les bords du Cher....

Avec l'arrivée du printemps, toues cabanées et carrelets repartent à l'assaut des eaux de la Loire. Sur la rive on s'organise. Avec barrages ou à la senne, la pêche attire les amateurs de saumons, aloses, lamproies et autres poissons de mer venus pondre leurs œufs en eau douce.

Les premiers congés payés en famille sur la plage de **Sainte-Radegonde**, le sable de la Loire vaut bien celui de l'Atlantique…

CAFE

Un mariage du côté de **Saint-Nicolas-de-Bourgueil**. Plusieurs femmes seules n'ont pas l'air de se réjouir de l'évènement... Nous sommes en 1920, de nombreux maris sont tombés dans les tranchées pendant la guerre.

Page ci-contre en haut à gauche : laitières posant place de Châteauneuf, à **Tours,** vers 1900. Le bonnet de droite porte la marque distinctive du veuvage.

Page ci-contre en haut à droite : le bonnet est le seul élément notable du costume de cette jeune fille qui présente dans ses paniers les productions légumières du val de Loire.

Page ci-contre en bas à gauche : bonnet porté bas sur la nuque, afin de mettre en valeur son fond brodé, et dégageant des cheveux « à dents, collés au front en une frange d'accroche-cœur ». Les femmes les plus âgées portaient leur bonnet enfoncé plus en avant, de façon à couvrir leurs cheveux, et certaines d'entre elles voyaient même d'un assez mauvais œil la nouvelle mode.

Page ci-contre en bas à droite : jeune Tourangelle classique en bonnet et guimpe posant devant son logis rustique, vers 1900.

PETITS ET GRANDS ÉVÉNEMENTS

En Touraine comme ailleurs en France, les deux guerres mondiales sont venues assombrir la vie de nos aïeux. Mais un événement historique ou un fait-divers n'est pas forcément malheureux, même si notre mémoire collective retient plus aisément les heures les plus graves de notre passé. Il ne faut pas oublier, se souvenir, commémorer, rendre hommage, on parle d'un « devoir de mémoire ». Voici quelques pages de l'Histoire en Touraine .

Le carrefour de la Queue de Merluche à **Saint-Étienne-de-Chigny** est réputé pour être particulièrement dangereux : la vitesse des véhicules y est souvent excessive. Cela ne date pas d'hier, comme le montre cette photo prise en 1922.

Durant l'hiver 1940-1941, la Loire a gelé. On la voit ici, recouverte de blocs de glace, devant la Taverne Fleurie à **Amboise**.

L'éléphant Fritz appartenait au cirque Barnum, alors en tournée en Europe. Devenu dangereux, il fut abattu place Nicolas Frumeaud, sur le chemin de la gare à **Tours**, le 11 juin 1902.

Le soir du 28 juillet 1908, trois mauvais larrons, persuadés que les gargotiers des bords de Cher, à **Saint-Avertin,** avaient chez eux une coquette somme d'argent, vinrent faire un mauvais sort aux époux Deblais. Le père Deblais s'en tira sain et sauf, mais sa femme eut la gorge tranchée. Vallet, l'instigateur de ce crime, condamné au bagne à perpétuité, fut gracié par le président de la République. La Cabane Bambou était une gargote recouverte de roseaux, dans un lieu désert. Elle fit la une du journal et l'on édita des cartes postales dès le lendemain du crime qui s'y déroula… Déjà, les média !

Honorant le cinquième centenaire de la venue de Jeanne d'Arc à **Chinon**, la fête commémorative de 1929 fut célébrée en grande pompe. Grande messe, présence de nombreux officiels... l'événement est resté dans la mémoire des Chinonais.

Le 30 décembre 1906, le coteau situé au-dessus de **Chinon** s'effondre, détruisant le fort Saint-Georges et quelques maisons. La population choquée demande que des travaux de consolidation des caves soient réalisés. Ce n'est en effet pas la première fois qu'un tel affaissement se produit. En 1799, 1805, 1870, 1876 et 1879 des éboulements avaient déjà fait de nombreuses victimes. Mais les Chinonais ne sont pas au bout de leurs malheurs. Les 14 et 15 août 1921, un nouvel effondrement du coteau obstrue les caves Vaslin et entraîne la disparition d'une cinquantaine de maisons. Des crevasses apparaissent dans les rues, devenant chaque jour de plus en plus larges.

Le marché du mardi, contesté pendant la Révolution avec la mise en place des décades, est vital au début du XXe siècle. Ici, fantomatiques, les bâches qui couvrent les charrettes des rares marchands évoquent les difficultés et les pénuries dues à la Grande Guerre à **Château-Renault**.

Arc de triomphe à l'entrée du boulevard Heurteloup, à **Tours**, le 14 septembre 1919.

Le 8 août 1944, quelques avions anglais mitraillent un train emmenant en Allemagne des déportés politiques et des résistants d'Angers. Les captifs sont acheminés à l'école. Un grand élan de solidarité de toute la population permettra de les réconforter... et même grâce aux brassards de la Croix-Rouge de faire évader les plus déterminés. Une raison de plus de manifester sa joie devant la mairie de **Saint-Patrice** pour les fêtes de la Libération.

En 1940, au début de la seconde guerre mondiale, entre la zone nord occupée par les Allemands et la zone sud, dite « libre », administrée par Vichy, s'étirait une véritable frontière : la fameuse ligne de démarcation. Cette ligne n'était matérialisée qu'aux endroits où elle franchissait les routes. Là, une barrière aux couleurs du Reich fermait l'accès. Quelques soldats de la Wehrmacht montaient une garde plus ou moins vigilante près d'une cabane en bois sommaire, sauf au Café Brûlé à **Reignac** (ci-dessus), sur la grande route de Loches à Tours, où ils étaient installés dans une maison réquisitionnée. Les petites routes étaient interdites : des arbres abattus et des barbelés les fermaient à la circulation.

PERSONNALITÉS BIEN DE CHEZ NOUS !

NOUS N'ALLONS PAS évoquer ici des Tourangeaux célèbres, enfin presque... À leur façon, les personnalités présentes ici ont eu leur heure de gloire dans leur village ou leur canton ! Tout le monde les connaissait !
Hautes en couleur, excentriques, bavardes, curieuses, des « qualités » que nous avons tous, mais que certain ont su exploiter au mieux !

Vers 1920, à **Braslou**, dans la cour de la ferme, des amis se retrouvent pour un déjeuner dominical. Les femmes ont mis leur beau bonnet brodé dit « de petite cérémonie » et les hommes sont à la mode avec leur moustache. Quels beaux portraits de Tourangeaux anonymes !

Lors de l'inauguration du stade de l'île d'Or, le 19 septembre 1967, Michel Debré, maire d'**Amboise**, donne le coup d'envoi d'un match de football.

Dans le rôle de Jeanne d'Arc à **Chinon** en 1929, mademoiselle Schaffer.

Au XIe siècle, Foulques Nerra fit construire en la bonne ville de Loches un donjon qui permettait de surveiller la vallée de l'Indre, ses prairies et, de l'autre côté de la rivière, Beaulieu-lès-Loches où il édifia une abbaye.

L'information municipale (voire nationale) arrive par le tambour de ville, « personnage incontournable de nos communes dans la première moitié du XXe siècle. À **Château-Renault**, le tertre de l'Horloge est un lieu privilégié d'annonce et de diffusion de l'actualité.

Portrait d'un petit tourangeau de **Richelieu**... Très chic, les mains dans le dos, la photo est réussie.

« Jusqu'au petit pays d'Artanne. Là se découvre une vallée qui commence à Montbazon, finit à la Loire, et semble bondir sous les châteaux posés sur ces doubles collines; une magnifique coupe d'émeraude au fond de laquelle l'Indre se roule par des mouvements de serpent. À cet aspect, je fus saisi d'un étonnement voluptueux que l'ennui des landes ou la fatigue du chemin avait préparé. – Si cette femme, la fleur de son sexe, habite un lieu dans le monde, ce lieu, le voici ! »

Propos du personnage Félix de Vandenesse, *Le Lys dans la vallée*, Balzac.

Portrait d'un travailleur particulier en Touraine, celui d'un tanneur de **Château-Renault**. Éreintant, le « décharnage » (ou écharnage) est pénible, dans des odeurs nauséabondes. Ces ouvriers sont parmi les mieux payés : 3 francs par jour en 1909.

Fils d'un bûcheron de **Saunay** (canton de Château-Renault), Camille Mortier a consacré les 95 ans de sa vie au bois, comme conducteur de chevaux dans une scierie de Villechauve d'abord, puis comme sculpteur durant ses loisirs et sa longue retraite.

Auguste Villemaine, dit le « père Auguste », avait été fait prisonnier en 1870 par les Prussiens. Il revint à pied d'Allemagne en vendant sur son chemin de belles cannes en bois qu'il taillait avec beaucoup de finesse. Il s'installa à **Civray** où il épousa Silvine Massoteau, fondant ainsi une famille de vignerons.

Des lavandières à **Sainte-Radegonde**.

Le général De Gaulle rend visite au nouveau maire de **Tours**, Jean Royer, le 9 mai 1959.
« Nous avons monté côte à côte les marches de l'hôtel de ville. Le général alors me dit :
– Vous voulez, vous aussi, une plaque dans cette mairie ?
Il était un peu bourru, mais je crois qu'il m'aimait bien. »

148 L'humidité environnante de la tannerie exigeait le port de sabots recouverts de housseaux en cuir gras pour toutes les opérations, et celui d'un grand tablier également en cuir gras, opérations qui allaient du travail de rivière à celui du service de la brasserie.

« Vous ouvriers et vous millionnaires,
Je vous le dis pour que vous le sachiez,
J'm'adresse à vous aussi, soldats, notaires,
Que seriez-vous sans nous ? des va-nu-pieds !
Combien de gens qui font par trop les crânes,
À quoi qu'ça sert de fair' tant les malins,
Qu'ils le sach'nt bien nous tannons les peaux d'ânes,
Ils pourraient bien nous passer par les mains. »

Chanson des tanneurs,
paroles de M. Bordet et E. Duhem, musique de F. Barbier.

Grande coiffe portée dans la région de Loches **durant** la seconde moitié du XIXe siècle. Cette photographie, déjà réalisée pour garder le souvenir d'un passé récent, servira de carte postale donnant à voir la tradition lochoise aux premiers touristes.

Quai de la Loire à **Tours**, c'est l'ouverture de la pêche, immortalisée par cette carte-postale de 1908.

Vendanges en Touraine. C'est l'automne, les journées sont moins longues, il est temps de refermer cet album souvenir et de rejoindre les anciens à la veillée regroupés auprès de l'âtre.

SOURCES DOCUMENTAIRES

Cet ouvrage n'aurait pu voir le jour sans la consultation de plus d'une trentaine d'ouvrages publiés dans la collection Mémoire en Images des Éditions Sutton. De 1998 à aujourd'hui, cette collection a permis à de nombreux auteurs berrichons de sortir de l'oubli des milliers de photographies anciennes, témoignages incomparables sur la vie de nos aïeux.

Première de couverture : le cantonnier municipal sur la place de la mairie de Montbazon.
Quatrième de couverture : la plage, sur la Creuse à La Haye-Descartes

Recherches documentaires : Nicolas Chaudet.
Éditions Sutton
6, place Jean Jaurès
37000 Tours

Première édition 1er trimestre 2021

Sources documentaires : fonds iconographique et éditorial des Éditions Sutton.

Les Éditions Sutton bénéficient du soutien de Ciclic - Région Centre-Val de Loire dans le cadre de l'aide aux entreprises d'édition imprimée ou numérique.

ISBN 978-2-81436-4

Dépôt légal : 1er trimestre 2021
Imprimé en UE par Printcorp - N° 20120458